T0353805

El Poder de Los Sueños

Marie Baley

To order additional copies of this book, please contact:
Palibrio
1663 Liberty Drive
Suite 200
Bloomington, IN 47403
Toll Free from the U.S.A 877.407.5847
Toll Free from Mexico 01.800.288.2243
Toll Free from Spain 900.866.949
From other International locations +1.812.671.9757
Fax: 01.812.355.1576
orders@palibrio.com

ISBN: Softcover   978-1-5065-5348-1
              Ebook   978-1-5065-5349-8

Library of Congress Control Number: 2024913662

Print information available on the last page

Rev date: 13/06/2024

PREFACIO

En 2004 hice el Saigoku Kannon Peregrinaje en Japón Entre muchos lugares visitamos un temple que tenía una caja para depositar el deseo que deseábamos cumplir. Puse el mío. Escribir cuentos tomando como inspiración los animales con mis pinturas al óleo. Nuestro guía el Reverendo Osho me dijo que se cumpliría mi deseo. Después de las vacaciones regresé a mis clases de español con mi amiga y profesora Sofía Puerta. Un día ella me propuso que escribiría una historia, porque a mí me gustaba escribir cuentos y ella pensaba que sería una manera divertida para perfeccionar mi español. No pude comenzar el tema, hasta que dos semanas más tarde caminando hacía mi carro una mariposa apareció a mi mente. Me dije: ¡Así es! Con este tema escribí la historia y Sofía me hacía sugerencias y yo la arreglaba.

Mi otra amiga, Alicia Morandi me ayudó con la edición final. Entonces decidí hacer las ilustraciones. Duré algunos años sin encontrar como hacerlo. Un día, tuve la idea de que como la mariposa, su familia, y sus amigas no eran humanas, deberían aparecer diferentes. Finalmente yo podría comenzar a dibujar. Hice 10 pinturas al óleo al cabo de 2 años. Mi amiga Haejung Jung las envió al ilustrador Jehanes H. para arreglarla. Estoy muy agradecida por su buen trabajo. La artista Bonnie Hartenstein siempre estuvo disponible para ayudarme durante mis clases de arte. Conté con ella cada vez que necesité consejos, apoyo, experiencia y conocimiento. También me gustó mucho pasar tiempo con ella.

Agradezco a mis profesoras de español: Sofía Puerta y Alicia Morandi quienes fueron las mejores. Nunca olvidaré todo lo que compartimos y la maravillosa experiencia de estudiar con las dos, aprender del estilo y del acento de cada una.

A Haejung Jung por su amistad y por tomarse el tiempo en la computadora para ayudarme a arreglar todo el proyecto y enviarlo a Sofía Puerta para verificar el contenido y su edición final.

Este sueño comenzó como una semilla sembrada en Japón. Aprendí que no importa el tiempo que tuviera que pasar para cumplir mi deseo. Lo importante es que no debemos abandoner nuestros sueños, si es lo que realmente queremos. Tal como dice Ralph Waldo Emerson: "Ten fe, confianza en ti mismo". Por lo tanto, mi deseo es que la mariposa Tina sea una inspiración para todos aquellos que sueñan con un mundo major para ellos mismos y para todos en la planeta.

LA RECIÉN NACIDA

HACE muchos años existió una mariposa que desde su nacimiento tuvo que resignarse a sus limitaciones físicas. Tina nació durante una época fría y muy ventosa, en el seno de una familia con tres miembros. Vivían bien alejadas de las vecinas en una casa cómoda, sobre una colina en un terreno espacioso. Las otras mariposas tenían envidia de ese sitio elevado y espectacular. Creían que la madre de Tina, la señora Isabel, era muy afortunada. Admiraban también su elegancia y la belleza de Francesca y Lucía, las gemelas de doce años.

La señora Isabel quiso mantener esa imagen que inspiraban en las vecinas. Por eso mantuvo el lugar limpio y arreglado, porque nunca se sabía cuando alguien podría aparecer. Ella no podía descansar si todo no estaba en su lugar. Si de pronto se desordenaba, actuaba de inmediato. Día a día se ocupaba de las comidas, limpiar el hogar y arreglar las cosas. Esta manera de vivir no les agradaba a Francesca y Lucía. Por eso pasaban todo su tiempo libre con sus compañeras del colegio. La madre no decía nada porque a ella le molestaba el comportamiento hiperactivo de sus gemelas, y le gustaba tenerlas lejos del hogar.

Cuando el nuevo miembro nació, alteró de repente la apariencia de perfección de esa familia. Ella era débil, y su ala izquierda deforme y corta le impedía volar. Su madre y hermanas la miraban confundidas y no podían evitar rechazarlas.

En el bautismo, la bebé recibió el nombre "Tina" en vez de"Marguerite" porque la señora Isabel decidió que "Tina" era más apropiado con su débil apariencia - ¿Qué clase de nombre es éste? Marguerite tiene dignidad y fuerza. Sin embargo, Tina es un nombre débil como yo – pensó la mariposa, pero no pudo hacer nada para cambiarlo y por eso no le hizo mucho caso.

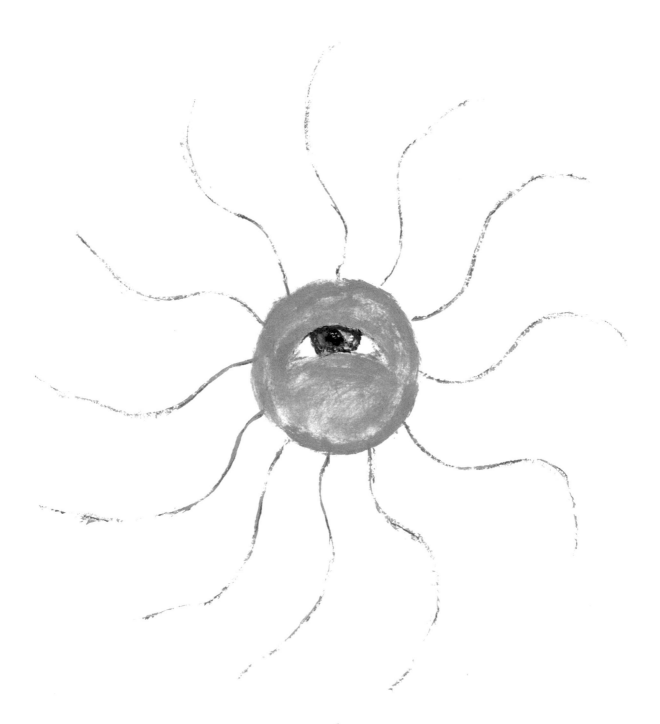

La señora Isabel la mantuvo separada de las otras. Pensó que Tina estaría major en un lugar tranquilo, sin ruido, sin la presencia de sus hermanas, y sin hacer ninguna actividad.

– *Su cuerpo no podría soportar distracciones fuertes – se dijo.*

La envolvía en una manta de lana blanca cuando hacía frío, y así prevenir que la temperatura la enfermara. Pobre Tina. Ella se sentía tan sola, incómoda y triste dentro de esa manta. Todos los días lloraba con el corazón triste, pero era tan pequeña que nuevamente no pudo hacer nada más que aceptar su situación.

Tina pasó meses tranquila en su rincón, debajo de un árbol denso donde la madre depositó algunas capas de hojas.

– *Ella estará segura, cómoda y protegida del viento fuerte y de la lluvia – pensó la señora Isabel. Se dio cuenta de que quizá ese lugar seco mantendría a su hija con buena salud, porque si se enfermara le costaría mucho más trabajo, tiempo y dinero.*

Las flores enfrente de ese refugio le impidieron a Tina disfrutar de una grandiosa vista de la naturaleza. Muchas veces se divirtió viendo las hojas moverse cuando soplaba el viento, y observó las sombras que dejaba el sol. De vez en cuando aparecían mariposas que rondaban el vecindario. Ni se imaginaban que una de ellas vivía debajo del árbol. Sin embargo, Tina prefería quedarse callada, sin llamar la atención. De esa manera podía disfrutar de la presencia de esas ágiles mariposas sin dar explicación de su existencia.

UNA VISITA INESEPERADA

Una mañana, cuando Tina cumplió 9 meses, de la nada apareció una mosca. De pronto Tina la observó con curiosidad y mucho interés. Notó los ojos claros y la sonrisa que iluminaba la serena cara de aquel insecto.

- ¡Qué mosca tan bella, ágil, de cuerpo fuerte y llena de vida! Esta mosca debe ser muy segura de sí misma. Quiero conocerla. – Entonces se animó a iniciar una conversación.

- ¿Cómo te llamas? – le preguntó a la graciosa mosca.

- Soy Suzana – respondió con su maravillosa sonrisa – Vi que tú estás sola, y pareces triste. Me gustaría conocerte y hablar un poco contigo. Estoy cansada de hacer hoy las mismas actividades. Desearía descansar y conversar contigo.

Tina estuvo encantada de esta visita e invitó a Suzana a sentarse cerca de ella. Así comenzó un nuevo capítulo en la vida de Tina, y una amistad llena de alegría y sorpresas, pero había un gran problema… Tina sabía que su madre no la aceptaría porque era una mosca.

"¡Una mosca!", gritaba su madre cada vez que las veía. Rápidamente las mataba aplastándolas bruscamente contra el suelo. Por cierto, Suzana no estaría segura con ella. Por eso Tina le pidió a su amiga buscar un lugar donde podría huir cuando su madre apareciera. Suzana buscó y buscó. Pronto encontró un agujero no lejos de Tina. "¡Perfecto!", exclamaron las dos.

Día tras día, Suzana visitó a Tina. Ella comenzó a enseñarle a leer, pero no pudieron guardar los libros allá. Tina sabía que su madre le preguntaría: "¿Qué está pasando?" No obstante, las historias que leían resultaron muy divertidas e interesantes para Tina. Cada mañana, ella esperaba con impaciencia el regreso de su única amiga.

LA FUGA

Un día, Tina se despertó temprano. Pudo ver desde su cama que había sol y hacía calor. El clima iba acorde con su ánimo, lleno de alegría. Su querida amiga vendría a visitarla a las 8 de la mañana en punto.

- Soy muy afortunada de tener una amiga como ella. Estaremos unidas para toda la vida. – dijo en voz alta.

Los momentos con Suzana eran siempre los más divertidos de su vida. Su madre llegaba a darle de comer, asearla y también a arreglar el refugio, pero nunca tenía tiempo para charlar con ella. Terminaba su labor, se despedía con un beso e inmediatamente se iba.

Tina estaba perdida en sus pensamientos, cuando de pronto apareció Suzana. – ¡Oh, tú llegas temprano hoy! – exclamó.

- Sí, quiero que leamos más la historia sobre la mente que comenzamos la semana pasada. – dijo Suzana y continuó. – ¡Te acuerdas? Ademas quiero contarte que estamos haciendo muchas actividades donde vivo. Las moscas se preparan para ir a explorar otro lugar. Se dieron cuenta que hay un espacio bello y tranquilo cerca de aquí. Ellas hacen mucho ruido cuando se preparan, y a mí eso me molesta. Preferio estar aquí contigo y disfrutar del libro sin interrupción.

–Te entiendo, Suzana. Me encanta conocer más sobre el poder de la mente contigo. ¡Qué tema tan interesante! No aprendo nada de mi mamá, pero contigo es diferente. Creo que mi madre no me considera interesante, y por eso a ella le parece que no vale la pena pasar tiempo conmigo.

Suzana la escuchó con comprensión y respondió – Tu mamá no se toma el tiempo para conocerte. ¡Qué lástima! Tú eres una mariposa especial. A mí me gusta ver tu ala derecha en la luz. Los colores son espectaculares. No puedo ver mucho de la otra porque es corta y no logro distinguirle bien los colores, pero no es fea. Es simplemente distinta. Ojalá que tu mamá aprenda a reconocer tu belleza y buenas cuali*dades. Seguiremos disfrutando de momentos inolvidables.*

El libro de la mente dice que muchas veces es necesario apartarse de la familia por un tiempo, explorer los alrededores, encontrar respuestas y prestar atención a las demás. Ellas pueden darnos conocimientos para nuestra vida y de esa manera ayudarnos a mejorar nuestras acciones.

Las dos amigas pasaron algunas horas juntas, hasta que llegó el momento de la visita de la señora Isabel.

Suzana abrazó a su amiga cuando súbitamente escuchó pasos que se acercaban. ¡Seguramente era la señora Isabel! Su cuerpo comenzó a temblar violentamente. Sabía lo cruel que esa señora podría llegar a ser con las moscas. Se lanzó con tanta rapidez dentro del agujero que estrelló su cara contra el fondo.

La señora Isabel entró distraída, pero pronto se dio cuenta que había algo diferente en la atmósfera. Miró a su alrededor, adentro y afuera del refugio de Tina, pero todo estaba como siempre.

–   ¿Qué pasa? Estoy sola con Tina y siento una presencia cerca de mí. Debería ver a mi doctor. Es posible que necesite medicinas para mi cabeza – declaró.

Suzana quedó algunos minutos paralizada dentro del agujero, tratando de recuperar la calma. Después de un tiempo pudo escuchar a la señora Isabel irse. Entonces dejó su escondite todavía asustada. Se olvidó de decirle adios a su amiga.

"¡Uff!", Tina respiró profundamente. Mrió al cielo y dio las gracias de que su buena amiga se hubiera salvado.

DESAFIOS

A Tina no le importaba la ausencia de una familia desde que encontró a Suzana.

Pensó en el tema del libro, y se preguntó – ¿Cómo podría realizar un sueño cuando ni siquiera puedo mover bien mi cuerpo? – Se acostó pensando que quizá la respuesta aparecería en la noche. Soñó que estaba feliz porque no vivía con su familia, y ¡vaya sorpresa!, ella vivía con Suzana y las otras moscas. Se despertó relajada hasta que se dio cuenta que estaba en el mismo lugar de siempre.

Le contó el sueño a su amiga, y entonces dijo con voz resignada – ¿Qué puedo hacer si ni siquiera puedo mover bien mi cuerpo?

Suzana la abrazó sin decir nada, y admitió que Tina estaba en lo cierto. Por eso, deseando cambiar el tema, le dijo. – Es tiempo de leer Tina – y abrió el libro. Las palabras cambiaron de pronto los pensamientos negativos de su amiga. A ellas les gustaba mucho aprender juntas. Tina estaba tan concentrada que olvidó su débil cuerpo, y su ala sana comenzó a moverse de un lado a otro con rápido ritmo y sin esfuerzo. Suzana estaba leyendo cuando oyó un ruido a su lado.

- ¡Tina, tu ala sana está moviéndose y tan fuerte! No sabía que tú pudieras hacerlo – dijo con voz perpleja. Tina miró su ala que se mecía de un lado a otro.

- Es placentero este movimiento – pensó Tina.

Su cuerpo se cubrió de sudor, pero le gustaba tanto el ejercicio que no paró hasta que estuvo muy fatigada y sintió palpitaciones fuertes. Tina quiso hablar, pero mingún sonido escapó de sus labios. Suzana disfrutó un momento de serenidad y alegría al ver la gran sonrisa de Tina.

Entonces las dos se quedaron quietas por un largo tiempo, y de pronto pronunciaron las mismas palabras. "Es possible realizar un sueño. Todo es posible."

- ¿Cuál es tu sueño, Tina?

- Por cierto, quiero vivir contigo y las otras moscas, tal como en mi sueño de anoche –dijo Tina con una expresión de bienestar.

"Mi amiga parece que ya está soñando", pensó Suzana. En ese momento, Tina añadió – Teníamos tiempo para charlar, leer, cantar, compartir nuestras emociones y pensamientos. ¡Qué vida tan linda disfruté durante ese sueño!

– Me gustaría mucho vivir contigo Tina. Le hablé de ti a las moscas y ellas quieren conocerte. Tu convivencia con nosotras sería maravillosa.

Ese día, Suzana dejó a su amiga con el corazón triste. No pudo decirle que todo estaría bien, y en ese momento no supo qué hacer para ayudarla a realizar su sueño.

Llegó a su hogar antes que las otras moscas. Supo que ellas fueron a explorar, y cada vez que esto ocurría, ellas siempre se olvidaban del tiempo. "Estarán fatigadas cuando regresen", pensó Suzana. "No van a escucharme. Debería esperar hasta la mañana para hablar con ellas". Trató de esperar su regreso pero era muy de noche y por eso decidió acostarse. En la mañana se despertó tarde y otra vez no tuvo tiempo para conversar. Tina la esperaba a las ocho en punto. "No puedo llegar tarde porque yo sé que ella se preocuparía por mi tardanza".

Esa vez el tiempo que pasaron juntas no fue divertido como antes. Las dos no se sentían cómodas de estar encerradas en el mismo lugar día tras día. No dijeron nada pero pensaron

que sería muy lindo estar en contacto con la naturaleza; escuchar las aves; ver los colores brillantes de las mariposas volando de flor en flor; sentir el sol y la brisa sobre su piel, y escuchar los ruidos de los insectos cerca de ellas. Suzana leía pero estaba distraída, y a veces a ella se le olvidaba continuar. Tina se enfadó. – ¿Qué pasa Suzana? Tú no prestas atención a la lectura. No creo que desees estar conmigo.

– Lo siento, querida Tina. En verdad deseo estar contigo, pero anoche las moscas me despertaron a su regreso – mintió Suzana. – Entonces no pude dormir. Estoy cansada y de mal humor. Pudieron haber estado más quietas. Sé que estaban agitadas y felices de su paseo y de ver la belleza de otros lugares.

La atmósfera continuó tensa y ellas permanecieron presas de sus pensamientos. Suzana trató de concentrarse mejor, pero la verdad es que no pudo lograrlo, Ella dejó a Tina a las cinco de la tarde sin haber podido mejorar la situación entre ellas. Se sintió culpable porque sabía que Tina necesitaba apoyo y sobre todo su amistad. En realidad estaba feliz de poder volar, de estar libre para explorar, y quizá las moscas estarían dispuestas a charlar con ella.

Por su parte, Tina quedó encerrada en una nube de tristeza y lloró mucho. A ella también le hubiera fascinante dejar el encierro de su morada y volar libremente. No comió y se acostó con su corazón roto. Durmió mal; tuvo pesadillas y se despertó de nuevo con dolor de cabeza.

Las moscas volaron un poco más alto. Después de algunos minutos Suzana no las siguió. Le resultaba imposible disfrutar su libertad. La imagen de Tina siempre regresaba. "Soy egoísta. Debería tratar de ayudarla en vez de dejarla sola", se dijo.

Miró a las otras moscas que jugaban e iban de un lado al atro, arriba y abajo. "Viven en el presente sin preocuparse de nada", pensó. Suzana voló lentamente. No quiso jugar o estar con el grupo. Al fin, las moscas decidieron regresar por la noche. Vieron a Suzana sin mucha energía. Le gritaron que volara más rápido porque era tiempo de regresar a casa. La mayor se soprendió del comportamiento de Suzana. "Algo le está pasando", pensó Gabriela. La observó cuidadosamente porque se preocupaba mucho del bienestar de las moscas.

GABRIELA

La líder del grupo de moscas era Gabriela, la única hija de una familia que vivía lejos. Siempre le había hecho falta la presencia de hermanas. "¡Sería tan agradable compartir mis pensamientos y pasar momentos divertidos con ellas!", se decía a menudo.

Cuando fue tiempo de dejar a su madre, Gabriela decidió formar su propia comunidad con moscas de varias edades. La idea surgió en su vecindario cuando observó las familias numerosas.

Al fin realizó su sueño cuando encontró a catorce moscas solitarias que deseaban vivir en comunidad. Nunca habían oído que era posible vivir de esa manera. Era una experiencia fascinante. A ellas les gustó tanto vivir así, que nadie se fue. Por eso el número quedó estable a quince miembros, incluyendo a Gabriela.

Al inicio, Gabriela distribuyó las responsabilidades para cada uno de los miembros. Creyó que ellas no podrían vivir en armonía sin su dirección. Recibió miradas antipáticas cuando a las moscas les adjudicaba más trabajo. "¡Trabajo! ¡Trabajo!" pensaron ellas, cuando lo que querían era descansar, jugar o volar.

– ¡Son tan perezosas!, se enfadó Gabriela. – Mis queridas moscas no me respetan ni me dan las gracias por todo lo que hago por ellas – se decía frustrada.

Un día, la chistosa mosca Amandia le dijo – Tú quieres que seamos perfectas y que todo esté limpio. Tengo la inpresión de vivir en un convento. No podemos vivir como las monjas. "¡Madre Superiora!" debería ser tu nombre en vez de Gabriela.

Pintura-7

Las otras pensaron que Amandia era muy divertida y comenzaron a reír y reír. Les hizo mucha gracia la idea de que Gabriela podría ser una Madre Superiora.

A Gabriela no le gustaba tener la reputación de ser rígida y poco espontánea. "Ellas creen que soy inflexible. Quiero ser popular, libre, y sin tratar de cambiar el comportamiento de las demás", se dijo. Decidió entonces no prestar atención a las moscas, con el resultado de que ella no se sintió bien y su vida se volvió desordenada. Nadie hizo ningún esfuerzo para conservar el lugar limpio o vivir en paz. Gabriela sintió mucho miedo con las malas decisiones que tomaban algunas moscas. "Es necesario tener orden y armonía. Ellas me van a destruir si no regreso a mi camino. No puedo continuar viviendo de esta manera. No es para mí", afirmó un día.

Una noche, antes de acostarse, Gabriela miró a su alrededor y sintió mucha repugnancia. Había pedazos de comida, basura, y algunas moscas estaban charlando sin consideración de las que estaban tratando de dormir. Se dijo que quizá sería mejor que ellas la llamaran "Madre Superiora" en vez de vivir en aquel desorden y caos.

Durante la noche, Gabriela soñó que estaba visitando a su madre. Notó la casa bien organizada y limpia como siempre. De pronto, sintió su cuerpo relajado, en un estado de bienestar, lo que ocurría cada vez que visitaba a su mamá. Se acercó a la señora Josefina, la abrazó cariñosamente, puso la cara sobre su hombro como lo había hecho con frecuencia, y le confió todo lo que no funcionaba bien con las otras moscas. Su madre la escuchó con paciencia y amor. Cuando se calmó su hija, la señora Josefina le aconsejó – Gabriela mi querida hija, tú no puedes continuar tolerando ese comportamiento. No permitas que las moscas te impidan ser feliz, estar contenta y tener éxito en tu vida. Regresa a tu camino. ¡TOMA ACCIÓN INMEDIATAMENTE!

También no olvides prestar atención a tu alrededor y a la naturaleza. Vivir en un lugar lindo y bien arreglado te dará mucha alegría - afirmó su madre.

Entonces la señora Josefina puso un espejo frente a Gabriela, y le dijo con tristeza – Mírate. Apenas puedo reconocerte. Deberías dormir mejor. Tú tienes ojeras. No tienes ánimo, entusiasmo y estás demacrada. Gabriela se sobresaltó al ver también una arruga en su frente, los ojos sin chispas y la piel pálida. "No me reconozco", admitió.

Se despertó recordando las palabras de su madre: ¡TOMA ACCIÓN INMEDIATAMENTE! *Vio a las moscas bebiendo café en vez de limpiar el lugar, lo que la enfadó otra vez. Se puso de pie, se acercó a ellas y con voz lenta y fuerte, anunció: - Escúchenme.* ¡Un poco de orden por favor! Este lugar está sucio, no comemos sanamente, no dormimos bien porque a veces algunas de ustedes no guardan silencio durante la noche. No hay ninguna consideración y la amistad se ha perdido entre nosotras.

Las moscas pararon su actividad y la miraron con sorpresa. Una mosca murmuró: "Madre Superiora está enojada". Nadie *rió ni se miraron con complicidad. Muchas de ellas dirigieron la vista al suelo. Se sintieron culpables de no hacer el trabajo necesario para remediar la situación. A ellas tampoco les gustaba vivir en desorden. Admitieron que Gabriela tenía razón y que contaba con las cualidades para ser un líder eficiente. Desde ese momento, Gabriela se ganó el respeto de todas. En realidad nadie del grupo tenía un carácter tan fuerte como el de ella.*

La vida con Gabriela volvía a estar muy organizada pero a veces se podía oír a algunas moscas hablando en voz baja de su desaprobación. No estaban siempre felices por tener tantas responsabilidades y disciplina. Ellas se sintieron de nuevo en un convento. Para Gabriela, lo importante era que la vida con las moscas, en general, era agradable, y podía vivir en orden. Nadie paró de trabajar porque un día Gabriela les dijo que si una de ellas dejaba de contribuir, debería largarse y buscar otro lugar. Las moscas tuvieron mucho miedo al pensar que Gabriela cumpliría su promesa. Por eso, el lugar estaba siempre limpio y organizado.

EENTRE AMIGAS

Suzana continuó visitando a Tina. Terminaron el libro: "¿Cuál es tu sueño? ¡Todo es posible!" Suzana estaba confundida y frustrada de no poder ayudar a Tina a cambiarse de lugar. Leyeron un libro que no tenía palabras para invitarlas a soñar. Disfrutaron pasar tiempo juntas, pero no hubo el mismo entusiasmo de antes por saber más de la historia. Por eso no sintieron la alegría de antes cuando leían.

Gabriela observó a Suzana por largo tiempo. Un día le dijo — Suzana, creo que alguna cosa te molesta. Tú pareces pensativa, distraída y sin ánimo. Suzana se sorprendía de oír las palabras inesperadas de Gabriela. — Tú me conoces tan bien. No podría ocultarte que no hay completa armonía en mi vida. Entonces Suzana le confió a su amiga todo lo que había ocurrido con Tina.

Miró a Gabriela con una expresión vacía. No pensó realmente que ella podría ayudarla a realizar el sueño de Tina que era vivir con las moscas.

Al rato, Gabriela se acordó lo que su madre, la señora Josefina, le comentó hace muchos años. — Gabriela, las soluciones no siempre vienen inmediatamente a la mente. A veces debes buscarlas o bien analizarlas. Si tienes dificultad con la respuesta, busca las moscas buenas para que investiguen juntas. Te ayudará a ampliar los conocimientos para encontrar diferentes soluciones. Ten fe. Gabriela, los problemas sin soluciones no existen para ti. Al fin, encontrarás una solución, aunque podría ser diferente de lo que te imaginaste.

Necesito discutir con mi madre quien es la más conocida y sabia de todas – dijo Gabriela. Se sintió relajada con las siguientes palabras de la señora Josefina. "Gabriela, los problemas sin soluciones no existen para ti".

De pronto se acercó a Suzana, la abrazó con amor y se quedó frente a ella. Sus miradas se unieron, y dijo – Tu confianza en mí me conmueve y me da esperanza de que podemos ayudarnos. También estoy feliz de que tú me hables de Tina. No tengo claro ahora cómo tu amiga puede realizar su sueño, pero como mi madre me dijo hace muchos años: "Problemas sin soluciones no existen". Necesito conocer lo que piensa mi *madre sobre el tema. Ella es la más sencilla y sabia de todas las moscas. Te hablaré después de verla.*

Gabriela quería conocer a Tina pero invertía todo su tiempo en controlar a las moscas, y pensó: "No estuvo bien de mi parte".

Al fin de esa conversación, ella comprendió que necesitaba conversar con las moscas sobre cómo vivir juntas en armonía en vez de ella tener siempre que organizar todas sus actividades y controlarlas. Se conprometió consigo mismo a examiner su manera de hacer las cosas. Por cierto, se dijo que es posible vivir diferente; ayudarse mutuamente; tener una vida agradable y feliz.

Suzana se sintió muy contenta cuando Gabriela le comunicó lo que pensaba. — Gracias Gabriela por escucharme sin juzgarme. Me siento un poco más positiva. No sé que será pero me ayuda mucho conversar contigo, y a Tina le gustaría conocerte. Podríamos conversar con ella, hablar de cosas divertidas y quizá cantar.

- Me encantaría pasar tiempo con ella – dijo Gabriela. – Mi vida es aburrida y rígida. Es tiempo de vivir diferente. Las moscas estarán ocupadas por un larga rato. ¿Por qué no usar es*e tiempo para visitor a Tina?*

De pronto Suzana se preparó para salir con ella – Sí, es un momento ideal. Sé que Tina está sola porque no es hora de que la señora Isabel le dé de comer. Tina me dijo que su madre es muy puntual con sus visitas. Gabriela, antes de ir, es muy importante que sepas que la señora Isabel no tolera que las moscas estén cerca de ella o de su familia. Va a matarnos si nos ve allá, pero no te preocupes porque hay un agujero cerca de Tina por donde podemos escapar. Voy a mostrárlo. ¡Vamonos!

EL ENCUENTRO

Era una mañana maravillosa. Suzana y Gabriela volaron lentamente para disfrutar un momento juntas y sin responsabilidades.

Encontraron a Tina quien estaba quieta, como siempre en su lugar, con una mirada triste y ansiosa porque Suzana, por primera vez, estaba algunos minutos tarde. Sonrió inmediatamente cuando su amiga apareció con Gabriela y vió las expresiones encantadas de las dos. Todo su cuerpo manifestó alegría y gratitud.

– ¡Hola Tina! – dijo Suzana con mucho ánimo.

– Siento haber llegado tarde pero hoy es un ocasión especial. Me da mucha alegría de presentarte a mi amiga Gabriela.

– Me gusta mucho conocerte, Gabriela. Suzana me habló de ti. Entonces quise siempre recibir tu visita. Me siento muy sola aquí. Suzana es la única presencia agradable en mi vida.

– Va a cambiar, Tina. No está bien que tú no tengas muchas visitas – dijo Gabriela – Siento también de no haber venido antes. Tuve como excusa que mi presencia con las moscas era indispensable. Hoy en día veo la situación diferente. Descubrí que no es la verdad. Ahora prometo visitarte a menudo. Voy a pasar mucho tiempo maravilloso contigo, Suzana y las otras moscas. A ellas les encantó pasar

ese tiempo juntas. Descubrieron que tenían mucho en común y todas tuvieron una mente abierta y curiosa. Fue divertido hablar de sus actividades cotidianas aunque eran diferentes. Las tres tenían un carácter fuerte y admitieron que deberían haber luchado para remediar las cosas que no funcionaban bien en sus vidas. Gabriela era muy independiente, con mucha energía, pero necesitaba dejar de ser tan controladora con las otras moscas. Suzana era generosa y ingeniosa pero debería tratar de vivir su vida y no arreglar la vida de Tina.

Por su parte, Tina era dulce y paciente, pero en vez de buscar lo inposible, necesitaba aceptar sus limitaciones físicas y buscar soluciones realistas.

Después de conversar por una hora, prometieron hacer algo para mejorar la calidad de sus vidas. Gabriela les dijo – Somos muy afortunadas de poder ayudarnos. ¡Qué sorpresa tan bella tener amigas tan cerca de mí! Estoy segura que podemos tener una vida plena y feliz.

–¡Tina, sé por Suzana que tú deseas vivir con nosotras! – exclamó Gabriela. – No se lo dije a Suzana pero a las moscas también les gustaría mucho que tú vivieras con ellas y me di cuenta de qué manera podrían transportarte a nuestro lugar. Ellas tienen un buen estado físico. Por eso estoy de acuerdo que podrían ponerte sobre una hoja grande y de esta manera llevarte hasta nuestro hogar. Las moscas son muy inteligentes y divertidas. Tu convivencia con ellas no sería aburrida ni monótona. Tina, yo sé que te gustaría un lugar muy lindo, con muchas flores y una vista expectacular de la naturaleza. Todas las moscas estarían encantadas de tenerte allí. A ellas les gustan mucho las mariposas. Dicen que son muy graciosas, ágiles, de colores increíbles, y yo estoy totalmente de acuerdo.

De repente, Tina abrió sus ojos muy grandes. Se dijo – ¿Podré al fin realizar mi sueño?

- Vivir con ustedes es lo que más quiero, Gabriela. Podría vivir diferente allá. No es necesario tener compañía todo el tiempo, porque a veces me gusta estar sola para disfrutar de la naturaleza o para leer. Realmente estaría feliz de vivir con ustedes. Gabriela y Tina se olvidaron del tiempo hasta que Suzana les interrumpió – Tina, debemos dejarte porque pronto tu madre vendrá para darte de comer.

- Sí, me traerá ensalada de verduras con huevos, pimientos verdes, rábanos, salsa de tomate y fresas – dijo Tina. Tina, es muy importante que ella no sospeche de las visitas, especialmente visitas de moscas – dijo Suzana.

Las dos miraron a Suzana con ojos muy grandes con la imagen de la señora Isabel descubriendo a dos moscas con una de su hijas, y aplastándolas contra el suelo.

De pronto Suzana y Gabriela abrazaron a Tina. En ese momento, escucharon a la señora Isabel volando hacia el refugio de Tina. Entonces Suzana empujó con fuerza a Gabriela, y su amiga cayó precipitadamente en el interior del agujero.

Esta vez, la madre no tuvo dudas de que algo extraño estaba ocurriendo allí. – Hay alguien aquí, pero no veo a nadie – pensó. No se lo mencionó a Tina. La señora Isabel tuvo miedo de que su hija pensara que sufría de una enfermedad mental.

Recordó la mirada ansiosa de Tina algunas semanas atrás cuando buscó en varios lugares si había alguien escondido, pero no halló nada. – Mañana iré a ver al doctor Rafael. Me siento mejor depués de visitarle, y quizá me dé otra medicina.

Gabriela salió del agujero con la cara sucia y terriblemente nerviosa por la experiencia. Suzana también pero ambas trataron de calmarse para ayudar a Tina a tranquilizarse.

EL PLAN

Las moscas estaban descansando después de finalizar sus obligaciones cuando Suzana y Gabriela regresaron de su visita a Tina. Gabriela las invitó a tomar té verde, lo que sorprendió mucho a las moscas porque nunca antes habían compartido un té con ellas. Descubrieron que Gabriela podía llegar a ser muy amable e interesante. Al fin, Gabriela mencionó su intención de cambiar su manera de ser. Admitió que no había estado bien controlarlas tanto. Les dijo – Comprendí, hablando con Suzana, que sería mejor negociar juntas todas las cosas que nos permitan vivir en armonía, felicidad y paz. Me gusta mucho convivir con ustedes en comunidad. Por favor, no vacilen en hablar conmigo si algo les molesta. Vivimos juntas para ayudarnos a tener una buena vida.

Al oír eso, hubo mucha gratitud, apreciación y animación. La chistosa Amandia puso música y comenzó a cantar y bailar. De pronto las otras moscas se unieron a ella. Esta fue la primera de muchas celebraciones que vendrían.

Un poco más tarde las moscas decidieron dormir una siesta. Gabriela utilizó ese tiempo para visitar a su madre.

Como siempre, la señora Josefina recibió cariñosamente la visita de su única hija. Tenía lágrimas de agradecimiento por contar con el amor y respeto de una hija tan buena y sencilla.

Entonces, Gabriela explicó de qué manera las moscas podrían transporter a Tina a su nuevo hogar. Llegó el momento para prepararse y estar listas para el gran acontecimiento. Su madre le dijo que primero era sumamente necesario que cada miembro supiera exactamente qué hacer. La señora Isabel no podría sospechar nada. Por eso es necesario elegir una voluntaria para observar dónde iba a estar la madre durante la mudanza de Tina.

Después de conversar con su madre Gabriela estuvo mucho más segura con el proyecto. – Doy las gracias por tener una madre como tú – le dijo Gabriela, y antes de salir prometió regresar tan pronto finalizará la mudanza.

Al día siguiente, Gabriela reunió a las moscas para comenzar a organizar la transportación de Tina, y en la tarde la visitó con Gabriela para explicarle todo el plan.

– ¡Tina, finalmente tú podrás realizar tu sueño! – exclamó Suzana.

– ¿Qué va a decir tu madre cuando se entere de que quieres vivir con nosotras? Sabemos que a ella no le gustan las moscas

– Pensé en mi madre y en mis hermanas, Suzana. Voy a escribirles una carta para mencionar adonde me fui. No sé cómo reaccionarán, pero no voy a preocuparme. Soy adulta y por eso debo decidir cómo o dónde vivir. Podrían visitarme. Me gustaría mucho viéndolas

UNA NUEVA VIDA

    Después de algunos meses de ejercicios, las moscas estaban más fuertes, con músculos bien definidos. Al verlas Gabriela supo que era el momento de conducir a Tina a su nuevo refugio. Por eso anunció a las moscas que el evento sería el día siguiente, a las nueve en punto de la mañana.

    A las ocho de ese día, la mosca Luisa llegó al sitio indicado para asegurarse que la señora Isabel no fuera a cambiar su rutina. Luisa la vio cuando le daba de comer a Tina, arreglaba el refugio, hablaba un poquito con su hija, y rápidamente se iba como siempre, para continuar su trabajo matinal.

    De pronto la señora Isabel se sintió incómoda y ansiosa como si alguien estuviera cerca de ella. Miró a su alrededor, y declaró – ¿Qué pasa conmigo? Estoy sola aquí. Sé *que las gemelas no van a regresar hasta el almuerzo. Por cierto, Tina no puede dejar su refugio, y nadie viene a visitarme esta mañana. Estos pensamientos no tienen razón de ser.*

    Regresó a limpiar la cocina, pero no podía disipar la sensación que alguien estaba observándola.

Gabriela y Suzana aparecieron ante Tina a las nueve de la mañana con las otras moscas trayendo la hoja más grande que encontraron. Cada miembro supo exactamente qué hacer. Pusieron la hoja en el suelo, acostaron a Tina cómodamente sobre la hoja, ocuparon su lugar a cada lado, y sin titubeos, transportaron a la mariposa a su nuevo refugio. Todo se ejecutó con tanta precisión y eficiencia que la señora Isabel nunca sospechó de la desaparición de su hija. Solamente sintió un movimiento inesperado cuando Luisa dejó su lugar con mucha rapidez para regresar donde estaban las moscas y Tina.

Al fin pudieron descansar y relajarse. Estuvieron contentas, felices, y también agotadas después de tantos esfuerzos físicos y emociones fuertes.

En ese momentos no necesitaban expresar sus sentimientos. Las moscas se conocían tan bien que a veces descansaban mejor sin palabras. En cambio Tina necesitaba siempre compartir, lo que causó mucha confusión entre las moscas. A ellas se les dificultó comprender que Tina no podía descansar con sus amigas sin hablar. Al fin Gabriela les informó – Tina es una mariposa y las mariposas son diferentes a las moscas, pero igual podemos convivir en paz.

Las palabras de Gabriela aumentaron el agradecimiento que Tina sentía por ser comprendida y por vivir en un sitio con flores radiantes y una vista muy linda de la naturaleza. Apreció, también, el gran cartel suspendido en un árbol: "¡Bienvenida Tina!", decía. Y ella tembló de emoción al leerlo.

– Muchas gracias por su amistad y por transportarme a un lugar tan majestuoso donde puedo finalmente vivir con ustedes. Al cabo, tal como dice el autor: "Todo es posible". Y a ti te pregunto: ¿Cuál es tu sueño? Todo es posible si tienes fe, haces el

trabajo y buscas el apoyo que necesitas. Si yo puedo realizar mi sueño, tú también puedes hacerlo.

Así fue el último período en la vida de la mariposa Tina, viviendo para siempre en paz, amor y tranquilidad en un refugio maravilloso con las moscas, sus queridas amigas.

Printed in the United States
by Baker & Taylor Publisher Services